W0243816

PROVERBES & DICTONS BRETONS

Traduction et interprétation : **Hervé Lossec**
Illustrations : **Maria Menguy**
Préface : **Alain Kervern**

GÉORAMA

ISBN 978-2-915002-72-0
© Éditions Géorama
13, rue du Port – Melon
29840 PORSPODER

Thèmes

Un véritable patrimoine populaire

Connu du grand public pour ses livres sur les bretonnismes, ces expressions francophones reproduisant mot à mot des tours de phrases et des locutions du breton de tous les jours, Hervé Lossec se livre ici à un autre exercice. C'est en effet tout un travail sur le patrimoine linguistique populaire qu'a entrepris cet auteur avec le présent ouvrage intitulé *Proverbes & dictons bretons*. L'exercice s'annonce des plus intéressants : en effet l'auteur, à la fois dehors et dedans, nous propose les résultats d'un collectage d'adages et de dictons en Bretagne bretonnante et nous révèle en outre les saveurs d'une expérience vécue de l'intérieur, puisqu'il nous donne à lire des créations issues de sa propre pratique des *rimadelloù*, ces comptines qui courent les campagnes et les bourgs. Car il le dit lui-même, « on peut dire en une pirouette la même chose qu'en un long discours… ». Entraînant les lecteurs dans une connivence qu'il sait acquise d'avance, il leur fait partager la couleur, la mélodie et le jeu des mots qui rythment le plaisir de la conversation de tous les jours, où la sagesse populaire peut être ramassée en quelques mots bien rythmés, bien cadencés. Car rimer et faire sonner les mots révèlent le sens musical des Bretons et le plaisir de savourer leur langue, même si, après tout, *kaozioù nemet kaozioù na n'int*, « les paroles ne sont jamais que des paroles ».

Ce petit livre apprend à mieux écouter les voisins, les amis, les conversations entendues à la volée, car en découvrant la richesse de son contenu, nous réalisons qu'Hervé Lossec, bretonnant de naissance, a naturellement l'oreille exercée depuis toujours. Il sait donc transmettre à un vaste public ce patrimoine oral riche de réflexions et de remarques qui révèlent une bonne santé morale où le sourire, le rire complice ou même la moquerie confortent une véritable solidarité face aux aléas de notre condition humaine. C'est tout un art de savoir relativiser les difficultés de l'existence, et d'adoucir ou de dédramatiser parfois des situations cruelles ou embarrassantes : *karout heb bezañ karet, a zo kriz ha kalet*, « il est cruel et dur d'aimer sans être aimé ».

Ces dictons sont faciles à retenir à l'oreille, car ils sont rimés. Et le plaisir de créer soi-même — nous avoue l'auteur — pour finir une phrase au détour d'une conversation, reflète sens du rythme, humour et oreille musicale. Sentences, dictons et proverbes sont souvent nés de ce mariage et de cette complicité malicieuse et quotidienne entre trouvaille personnelle et création collective.

Reflets d'une authentique philosophie de vie, ces expressions ramassées et scandées en quelques mots bien sentis peuvent nous apprendre qu'il y a toujours, à la faveur des situations les plus variées, les plus banales, quelque chose à découvrir encore de la complexité du monde. *Ar paour pa binvidika, gant an diaoul ez a*, « quand il devient riche, le pauvre est emporté par le diable ».

En parallèle à sa fine connaissance de la culture populaire orale léguée par ce qu'il a lui-même vécu, l'auteur de cet ouvrage a fait des études de breton à l'Université de Bretagne Occidentale, sous la direction de Daniel Giraudon, chercheur passionné du patrimoine oral, bien connu pour ses travaux sur les proverbes et les dictons.

Pour nous faire partager les richesses de cette petite anthologie d'une authentique sagesse populaire, Hervé Lossec met ainsi ses pas dans ceux des maîtres qui l'ont précédé, tels François Cadic, Jules Gros, Daniel Giraudon lui-même… Les vertus de longue patience et de curiosité toujours en éveil structurent ici un canevas où l'expérience du collectage permet de mieux comprendre le pourquoi et le comment de ce que l'oreille décrypte et de ce que le regard saisit à la volée. La quête du chercheur se double d'une jubilation qui n'est jamais éloignée du professionnalisme et de la rigueur de sa démarche : *An tu zo an hanter euz al labour!* « Le savoir-faire, c'est la moitié du travail ! »

Ce livre très vivant est le témoignage d'une conception souriante de la vie, et du plaisir simple d'ourler de rimes certaines phrases au détour de la conversation. À l'écoute de la vie de tous les jours, Hervé Lossec nous fait savoir que les bretonnants ont du talent.

Alain KERVERN.

Avant-propos

Prononciation du breton

La prononciation bretonne ne pose pas de problème particulier pour un francophone. Le breton est d'ailleurs, dans l'ensemble, plus proche de la phonétique que ne l'est le français.

Intonation

La caractéristique principale du breton est l'accent tonique qui se porte sur l'avant-dernière syllabe, à quelques exceptions près. Ce qui donne une musique très éloignée de l'accent plat du français.

Liaisons, finales.

Lorsqu'une consonne dure qui se trouve en finale d'un mot est suivie d'un mot commençant par une voyelle, la liaison conduit à l'adoucir. Ex : ***Mat ar jeu ?*** (litt. : « bien la situation ? »), s'entendra : *madarjeu*.

À l'inverse, en finale absolue des mots, toutes les consonnes sont sonores et la plupart sont durcies. Ex : ***Mont a ra mat*** : *mondaramatt* (« ça va bien ? »).

Alphabet

Voyelles et groupes de voyelles

A, **i**, **o**, **u** se prononcent généralement comme en français.

Avec une différence notable toutefois pour le **u**

dans les articles indéfinis *un*, *ur* et *ul* qui s'entendent *eun*, *eur* et *eul*.

Le **e** se prononce toujours « é » ou « è ».

Attention aussi aux diphtongues :

ae s'entend souvent « é », sauf chez les dyslexiques léonards (habitants de la partie nord du Finistère), qui détachent « é-a ». Pour se faire remarquer, sans doute.

au donne aussi deux sons : *a* + *u* tout comme *eü* s'entend *é* + *u*.

Consonnes et groupes de consonnes

Les consonnes finales d'un mot sont sonores, sauf quelques exceptions locales. *Pot* et *pet*, par exemple, s'entendront *pott* et *pett*.

Le ***g*** ne se prononce jamais comme le *j* français. Donc, *ge*, *gi* : *gué*, *gui*.

Le ***s*** placé entre deux voyelles est toujours dur et doit se prononcer « ss ».

Le ***ñ*** est toujours précédé d'une voyelle qu'il nasalise. Ainsi *añ* s'entendra comme dans le français « aut**ant** », *oñ* comme dans « bourg**eon** », *eñ* comme dans « rien », mais *iñ*, finale infinitive de nombreux verbes, se réduit le plus souvent à un simple « i ».

Le ***v*** se prononce comme en français en début ou en milieu de mot. Placé en position finale, il s'entendra **o** (et **ou**, s'il arrive après un *i*).

ch comme en français.

c'h, consonne particulière au breton, donne un

son guttural proche du *ch* allemand ou de la *jota* espagnol ; son difficile à rendre pour les gosiers francophones.
Le ***zh***, que l'on retrouve dans la fameuse abréviation *BZH* (Breizh/Bretagne) laisse entendre le *z*, sauf en région vannetaise (Morbihan) où il se transforme en « h » aspiré.

NB : Les traductions sont en *italiques* et les commentaires en romain.

- 1 -

Proverbes ou expressions insolites

Seul vui ma vez paotred-saout
Seul falloc'h e vez diwallet ar saout.

Plus il y a de bergers
Moins bien les vaches sont gardées.

Lost ar vuoc'h a hej ivez
ha biskoazh ne gouezh !

La queue de la vache bouge aussi
Et ne tombe jamais !

Réponse plaisante à quelqu'un qui s'inquiète de la stabilité d'un chargement de foin ou de paille, par exemple.

Glepoc'h eget ar glav
Ha gwelloc'h kristen eget ar pab.

Plus mouillé que la pluie
Et plus chrétien que le pape.

Être plus royaliste que le roi. Défendre les intérêts de quelqu'un avec plus de vigueur qu'il ne le ferait lui-même.

Pa ri ti to,
To pa ri ti.

Quand tu construiras une maison,
mets-lui un toit
Fais un toit quand tu feras une maison.

Quand tu entreprends quelque chose,
fais-le bien, va jusqu'au bout.
Proverbe d'une concision remarquable que l'on allonge, en sorte de virelangues, dans l'esprit des « chaussettes de l'archiduchesse », de plusieurs variantes, dont celle-ci :

Pa ri falz troad
Pa ri park kas had
N'e laosk ket dihad
Pe ne ri ket labour vat.

Si tu fais une faux, mets-lui un manche
Quand tu laboureras un champ,
sèmes-y franchement des graines
Ne le laisse pas sans semence
Ou tu ne feras pas de bon travail.

Al laeron vihan a vez krouget
Al laeron vras a vez enoret.

Les petits voleurs sont pendus
Les grands voleurs sont honorés.

Autrefois la justice était expéditive, mais si l'on remplaçait « pendu » par « condamné », ce vieux dicton breton serait, peut-être, toujours d'actualité.

Gra ar vad pa c'helli
An droug a ri pa gari.

Fais-le bien quand tu pourras
Tu feras le mal quand tu voudras.

N'eus nemet un dra a bouez :
Chom bev a-hed e vuhez !

Il n'y a qu'une chose importante :
Rester vivant tout au long de son existence !

Ce n'est pas une citation de Pierre Dac mais un vieux proverbe breton.

N'emañ ket ar moc'h war ar gwinizh du !

Les cochons ne sont pas sur le blé noir !

Pas besoin de se presser, on a le temps : ***Amzer'zo !***
Sans doute incompréhensible pour les plus jeunes car on ne voit plus guère de **blé noir** dans les champs et encore moins de cochons en plein air. Remarquez qu'en français, il arrive toujours que l'on « **mette la charrue avant les bœufs** », alors qu'il y a belle lurette que d'énormes tracteurs tirent des charrues à six socs, voire plus.

A-wechoù eo ret mervel evit diskouez e vezer bet klañv.

Il faut parfois mourir pour prouver que l'on a été malade.

Jusqu'où faut-il aller pour être cru ?
Il est parfois nécessaire d'insister.

N'eo ket a-walc'h staotat er piñsin Ha mont er-maez da c'hoarzhin !

Ce n'est pas le tout de pisser dans le bénitier Et de sortir pour rigoler !

Ce n'est pas le tout de mettre le bazar,
il faut assumer ses actes.

Sevel kestell el loar.

Construire des châteaux sur la lune.

Il s'agit, ici, de rêves irréalisables, d'espoirs chimériques.
En français, on se contente d'aller construire ces châteaux en Espagne, en breton, on va carrément sur la lune.
Trop forts les Bretons !

Ur vuoc'h zu a ro laezh gwenn !

Une vache noire donne (bien) du lait blanc !

Il ne faut pas non plus juger les gens à leur apparence, souvent trompeuse. L'habit ne fait pas le moine.

Kousket e-barzh liñselioù sant Per.

Dormir dans les draps de saint Pierre.

Coucher à la belle étoile.
Il y a d'autres variantes tout aussi poétiques :
« **kousket e kambr ar stered** » (dans la chambre des étoiles),
« **dindan toenn an noz** » (sous le toit de la nuit),
« **dindan bolz an neñv** » (sous la voûte du ciel), ou encore :
« **dindan ar billig vras** » (sous la grande poêle).

Pig pe vran a gan.

Pie ou corbeau chante.

Tout secret finit par se savoir.

Ganet d'ar Sadorn da noz.

Né le samedi soir.

Rien à voir avec la fameuse fièvre. Se dit de quelqu'un de niais ou encore : qui a été bercé trop près du mur. Quand on rajoute : « **d'ar Sadorn da noz, goude ar c'hrampouezh** » (après les crêpes) ou « **ha badezet goude koan** » (et baptisé après souper) le cas est alors désespéré.

Un dañjer bezañ bev
D'an deiz a hiriv !

C'est un danger d'être en vie
Au jour d'aujourd'hui !

Réflexion amusante (et rimée) datant de l'époque où les voitures, tracteurs et autres engins à moteurs commençaient à troubler la quiétude de nos bourgs et campagnes.

N'eo ket erru ar mor.

La mer n'est pas arrivée.

Doit probablement son origine aux pêcheurs à pied et autres visiteurs de l'estran, ou aux marins dont le bateau est échoué sur le sec. Si la mer n'est pas là il est inutile de se presser, « on n'est pas aux pièces ».

Diwallit ! Ar paper hag ar vein
E lakaer forzh petra war o c'hein.

Faites attention ! Le papier et les pierres,
On leur met n'importe quoi sur le dos.

Ne croyez donc pas tout ce qui est écrit dans les journaux ou les revues.

Debriñ e ti Mari Glazioù.

Manger chez Marie La Verdure.

Glazioù est un nom de famille courant mais aussi le pluriel de « **glaz** » ; mot désignant ce qui est vert naturel. Manger chez Marie Glazioù, c'est donc manger en pleine nature, sur l'herbe, pique-niquer.

Taol da bouez 'ta !

Jette ton poids donc !

Invitation à s'asseoir, à table, au salon, au bar…
En plus direct encore, on trouve « **sko da revr aze** » :
« tape (frappe) ton cul, là ! »

Ober un toull ’barzh an avel.

Faire un trou dans le vent.

Parler de tout et de rien. Surtout de rien.

Al logodenn n’he deus nemet un toull a zo boued d’ar c’hazh.

La souris qui n’a qu’un trou est nourriture pour le chat.

Il faut avoir plusieurs cordes à son arc et ne pas mettre tous ses œufs dans le même panier. Et toujours se ménager une porte de sortie, car deux sûretés valent mieux qu’une.

Chom ar genoù digor war nav eur hanter.

Rester la bouche ouverte sur neuf heures et demie.

Rester muet de surprise, d’étonnement, d’émerveillement. Essayez donc de former « neuf heures et demie » avec votre bouche. Si vous n’y arrivez pas, contentez-vous de « six heures », ça marche aussi.

- 2 -

Scabreux

Ce qui peut paraître grossier une fois traduit en français ne l'est pas pour un bretonnant. Car, comme l'écrivait Pierre Jakez Hélias *« Le breton, comme le latin, brave ce que l'on appelle l'honnêteté, le paysan ne croyant pas que les parties du corps puissent être taxées de grossièreté. Mais il croit que le rire est le propre de l'homme. »* (*Le quêteur de mémoire*, Plon, p. 223).

Ur revriad traoù zo en e benn !

Il a le (grand) contenu d'un postérieur dans la tête !

C'est donc une tête bien pleine, quelqu'un de très intelligent. Il s'agit d'un joli compliment qui fait naître aussi un sourire complice chez les bretonnants.

Tro ha distro ar pezh a gari
Biken toull da revr ne weli.

Tourne et retourne-toi tant que tu voudras
Jamais ton trou de balle tu ne verras.

Essayez toujours. À l'impossible nul n'est tenu.

Paour pe pinvidig,
A rank dizourañ e gig.

Riche ou pauvre,
Chacun doit vider l'eau de son corps.

À remettre dans le contexte du XIXe siècle, quand le seul fait d'y penser réconfortait le métayer.

Tri beg zo o souten ar bed
Beg ar vronn, beg ar soc'h
Hag ar beg all evel ma ouzoc'h...

Trois bouts soutiennent le monde,
Le bout du sein, le bout du soc,
Et l'autre bout, comme vous savez...

An hini a gac'h div wech bemdez
Morse pinvidik ne vez.

Celui qui chie deux fois par jour
N'est jamais riche.

Il passe beaucoup de temps à table,
mange trop et dilapide son bien.

Debriñ tout, kac'hat tout
Ha mont da Vrest da chom.

Tout manger, tout chier
Et aller habiter Brest.

Après une faillite honteuse, il est préférable d'aller se perdre dans l'anonymat d'une grande ville.

Ma peus c'hoant bevañ kozh,
E rankez kas an avel fall diouzh da gov.

Si tu veux vivre vieux,
Il te faut chasser le mauvais vent de ton ventre.

Cet ancien proverbe, déjà noté au XVIIIe siècle,
ne précise pas si cela doit se faire sans bruit…

Neb na vramm ha na vreugeud
A darzho a-dra-sur 'benn nebeut.

Celui qui ne pète ni ne rote
Explosera sûrement sous peu.

- 3 -

Amour – Mariage – Vie de couple

Krog eo ar big en he skouarn.

La pie lui mordille l’oreille.

Jolie expression pour décrire des démangeaisons amoureuses, l’envie de se marier d’une jeune fille.

Dreist moue ar gazeg kozh e vez kabestret an ebeulez.

(C’est) Par-dessus la crinière de la vieille jument que l’on passe le licol à la pouliche.

Il faut savoir plaire à la mère, si l’on veut avoir la fille.

Gant ar c’hoant fortuniañ e reer tro ar bed
Gant ar c’hoant kac’hat ne c’heller ket.

Avec l’envie de se marier on fait le tour du monde
Avec l’envie de chier on ne peut pas.

Etre an dimeziñ hag an eured
E vez an diaoul o redek.

Entre les fiançailles et le mariage
Le diable court (rôde).

Il ne s'agit pas de succomber à la tentation dans l'intervalle…

Pa vez ar c'hazh tost d'al laezh
E oar lipat an dienn buan hag aes.

Quand le chat est près du lait
Il sait vite lécher la crème en douce.

Préservez-nous de la tentation, la chair est faible !

E lec'h ma vez ur c'hilhog,
ne gan ket ar yar.

Là où il y a un coq,
la poule ne chante pas.

Quand le mari commande, la femme se tait !

N'eus ket kozh votez
Na gav ket he farez.

Il n'y a pas de mauvaise chaussure
Qui ne trouve sa semblable.

Ni de candidat au mariage
qui ne trouve chaussure à son pied.

Da bep seurt oad
E red ar c'hi war-lerc'h ar c'had.

À tout âge le chien court après le lièvre.

Et le coureur de jupons en fait tout autant.
NB : Lièvre est du genre féminin en breton
et évoque une belle fille.

Evit reizhañ ar bleizi
Ez eo ret o dimeziñ.

Pour dompter les loups
Il faut les marier.

Et ils deviendront des agneaux.

**Mervel zo ret,
Dimeziñ n'eo ket.**

***Mourir est obligatoire,
Se marier ne l'est pas.***

Tremenet eo an heol e-biou d'he frenestr.

Le soleil est passé à côté de sa fenêtre.

Et il ne repassera plus. Se dit d'une femme qui n'est plus en âge d'avoir d'enfants, ou d'un couple qui n'a pas eu d'enfant.

**Fritañ laou ar baourentez
War billig ar garantez.**

***Frire le pou de la pauvreté
Sur la galettière de l'amour.***

L'amour peut s'accommoder du dénuement :
vivre d'amour et d'eau fraîche.

**Daou dra er bed-mañ na gomandi ket :
An amzer hag ar merc'hed.**

***Il y a deux choses sur cette terre
que tu ne commanderas pas :
Le temps et les femmes.***

**N'eo ket blev melen ha koantiri
A laka ar pod da virviñ.**

***Ce n'est pas cheveux blonds et joli minois
qui font bouillir la marmite.***

La beauté ne se mange pas en salade.

**Gwelloc'h un dorzh vara war an daol
eget melezour ouzh ar prenestr.**

***Mieux vaut une miche de pain sur la table
que miroir à la fenêtre.***

Le miroir est le symbole de la coquetterie.

Ur c'had o tont a-bell
A deu da vezañ louarn alies.

Un lièvre venant de loin,
Se transforme souvent en renard.

En se mariant avec une personne extérieure à la région on peut avoir des surprises, après.

An dimeziñ a-ziabell
A c'halv un tiig ur c'hastell.

Le mariage lointain
Appelle la petite maison un château.

Même sens que le précédent.

Pep hini zo libr
Da c'hoari gant e filip.

Chacun est libre
De jouer avec son « moineau »

Allusion sexuelle.

Karantez dost, karantez laosk
Karantez bell, karantez well.

Amour proche, amour relâché,
Amour lointain, amour meilleur

Loin des yeux, proche du cœur.
L'inverse de ce que l'on entend en français.
Proverbe pouvant réconforter le marin.

Gwelloc'h en em garout nebeutoc'h
Evit ma padfe kalz pelloc'h.

Il vaut mieux s'aimer moins
Pour que cela dure beaucoup plus longtemps.

Kaout botoù berr.

Avoir des chaussures courtes.

Être jaloux, maritalement parlant.

Ret eo mervel evit bezañ meulet
Ha dimeziñ evit bezañ dispennet.

Il faut mourir pour être loué
Et se marier pour être décrié.

Daoust m'emañ krizet, un aval mat
Ned eo ket kollet e c'hwezh vat.

Bien que ridée, une bonne pomme
Ne perd point son parfum.

Pour rassurer les femmes mûres.

Blev gwenn ha lunedoù
Ne blijont ket d'ar merchedigoù.

Cheveux blancs et lunettes
Ne plaisent pas aux jeunes femmes.

Bonjour lunettes, adieu fillettes !

Ki stag, bern teil hag ed,
Ha leun an nor eus ar wreg.
Sed aze, avat, un tiegezh mat.

Un chien à l'attache,
un (beau) tas de fumier et de blé
Et la femme qui remplit la porte d'entrée,
Voilà assurément une bonne ferme.

Les critères ont bien changé depuis le début du xxe siècle.
À cette époque nourrir un chien, improductif, était (aussi ?)
considéré comme un luxe.

Ur c'hamalad kleiz.

Un ami de gauche.

Rien à voir avec la politique
il s'agit tout simplement d'un amant.

- 4 -

Jeunesse – Vieillesse

Tamm-ha-tamm
E vez graet e vragoù da Yann.

Morceau par morceau
On fait le pantalon de Jean.

Il faut avoir de la patience :
petit à petit l'oiseau fait son nid.

Boued, kastiz ha deskadurezh
Tri zra ret d'ar bugel bemdez.

Nourriture, punitions et instruction
Sont trois choses nécessaires
à l'enfant chaque jour.

Et peut-être un peu d'amour...

Bez'fur pa n'out ket koant
Diskouez ez peus skiant.

Sois sage, puisque tu n'es pas beau (belle),
Montre que tu as du bon sens.

Sois poli(e) si tu n'es pas joli(e).

Gwelloc'h eo chom hep bezañ ganet
Eget chom hep bezañ desket.

Mieux vaut rester sans naître
Que rester sans instruction.

N'eo ket diwar an oad
E vez pilet koad.

Ce n'est d'après l'âge (de l'arbre)
Que l'on abat le bois.

Ce n'est pas d'après l'âge (des gens) que la mort frappe.

Bugel a ra goap ouzh ar re gozh
n'ez aio ket d'ar baradoz.

L'enfant qui se moque des vieux
N'ira pas au paradis.

Ar c'hentañ mont
Ar berrañ kont.

Le départ le plus tôt,
Le compte (résultat) le plus court (le meilleur).

Plus on meurt jeune,
moins on a de risque d'accomplir de péchés mortels
et plus on a de chance d'être accueilli au paradis.
Je tiens cette sentence de ma mère qui fut traumatisée
par la religion, comme la grande majorité de sa génération
en pays léonard.

Aesoc'h d'ar mab goulenn ouzh tad
Eget d'an tad goulenn ouzh mab.

Plus facile au fils de demander au père
Qu'au père de demander au fils.

- 5 -

Richesse – Pauvreté

An danvez dastumet gant ar rastell
A yelo kuit buan gant an avel.

Les biens ramassés au râteau
s'en iront vite avec le vent.

Une fortune acquise trop vite
s'envolera tout aussi rapidement.

Ar paour pa binvidika
Gant an diaoul ez a.

Le pauvre quand il s'enrichit
Va avec le diable.

Il s'expose à toutes les tentations.

Pinvidik on koulz ha nikun
Pa'z on kontant gant va fortun.

Je suis aussi riche que quiconque
Si je me satisfais de ma condition.

L'important n'est pas d'avoir beaucoup
mais de valoriser ce que l'on possède.

An arc'hant eo berr o lost.

L'argent a la queue courte.

Il est donc difficile à attraper et à retenir.

Graet eo bet dezhañ e votoù a-raok e dreid.

On lui a fait ses sabots avant ses pieds.

Se dit de quelqu'un riche de naissance ;
né avec une cuiller en argent dans la bouche.

Goude ar rastell e teu ar forc'h.

Après le râteau vient la fourche.

Le râteau ramasse, la fourche éparpille :
à père avare enfant prodigue.

D'ar mor ez a ar pesked.

Les poissons vont à la mer.
Comme l'argent va aux riches.

Heñvel ouzh aotrouien tudjentil Ploueskad
A rank chom en o gwele pa walc'her o dilhad.

Semblable aux messieurs gentilshommes
de Plouescat (Finistère)
Qui doivent rester au lit
quand on lave leurs vêtements.

Grandeur et décadence.

E-lec'h ma vez staget ar c'havr
E rank peuriñ pe greviñ.

Où la chèvre est attachée,
Elle doit paître ou crever.

On n'échappe pas à son destin.
Et, il faut faire avec ce qu'on a, là où on est.

Truez hep sikour
N'eo ket ur rikour.

Pitié sans secours
N'est pas un soulagement.

Bras eo dor an ti bihan.

La porte de la petite maison est grande.

Le pauvre est généreux.

Pa 'z eo erruet ar gwall
Gwelloc'h bezañ born eget dall.

Quand le malheur est arrivé
Il vaut mieux être borgne qu'aveugle.

Pelloc'h e vimp marv eget paour.

Nous serons plus longtemps morts que pauvres.

Sorte de *Carpe Diem*, version bretonne.

Bern n'eo ket mammenn.

Tas n'est pas source.

Les biens ne se renouvellent pas d'eux-mêmes.

Kas ar paour da baour a zo diaes.

Ruiner un pauvre est difficile.

Maigre consolation.

Ne vez ket savet ar c'hleuz
d'un tu hepken.

On ne construit pas un talus
d'un seul côté

Il y a du pour et du contre dans chaque affaire.

Bezañ paour n'eo ket pec'hed
Gwelloc'h koulskoude tec'het.

Pauvreté n'est pas péché
Mieux vaut cependant l'éviter.

Gwelloc'h eo bezañ paour
Eget staget gant ur chadenn aour.

Il vaut mieux être pauvre (et libre)
Qu'attaché avec une chaîne en or.

E-keit ma vi en da sav
E kavi bazh d'en em harpañ.

Tant que tu seras debout
Tu trouveras bâton pour t'appuyer.

Tant que tu seras fort — ou riche — on t'aidera.

Bevañ diwar treid silioù fritet.

Se nourrir de pieds d'anguilles frits.

Correspond à « manger de la vache enragée » et « vivre de l'air du temps », avec une nuance ironique. Le comble de la misère : se nourrir de « ***pavoù kelien ha treid silioù*** », soit des pattes de mouches et des pieds d'anguilles !

Bezañ pizh war nebeut ha foran war kalz.

***Être économe sur peu
et prodigue sur beaucoup.***

« Peu » étant le quotidien,
l'ordinaire, ce qui ne coûte pas cher et « beaucoup » l'inverse.
Faire des économies en dépit du bon sens

**An daou dra aesañ da gaout er bed-mañ :
Haleg er prad-dour ha bugale 'ti ar paour.**

***Les deux choses les plus faciles
à obtenir dans ce monde :
De l'osier en terrain humide
et des enfants chez le pauvre.***

**An hini a zalc'h an askorn
A ya ar c'hi da heul e zorn.**

***De celui qui tient l'os
Le chien suit sa main.***

Comme le prétendant convoitant un héritage.

E beg ar skeulioù uhel
E c'hwezh kreñv an avel.

Au sommet des hautes échelles
Le vent souffle fort.

Plus on s'élève dans la hiérarchie et plus les oppositions sont fortes, plus on est soumis aux feux des critiques, *a fortiori* si on se trouve tout en haut.
Les postes à responsabilité ne sont pas de tout repos.

Gwrac'h klemmus
Gwrac'h padus.

Vieille femme qui geint,
Vieille femme qui dure.

Qui se plaint (constamment) de sa santé vivra longtemps.

Kemer hardizh n'eo ket laerezh.

Prendre hardiment n'est pas voler.

Peut-être, mais il faudra l'expliquer aux gendarmes.

Klemm-klemm bemdez,
Met bev da viken.

Geint-geint tous les jours,
Mais vivant pour toujours.

Poan ar re all zo skañv da zougen.

La douleur des autres est légère à porter.

Ar c'hleñved a zeu war varc'h
Hag a ya kuit war droad.

La maladie vient à cheval
Et s'en va à pied.

La maladie vous prend par surprise
et la guérison est souvent longue.

- 6 -

Nourriture – Repas

Bezañ ront e voutoù.

Avoir des chaussures rondes.

Ou, encore, avoir des chaussures à bascule, un coup dans l'aile.

Ur sac'h goullo ne chom ket en e sav.

Un sac vide ne tient pas debout.

Il faut manger pour vivre.

Pa ne vez ket foenn er rastell
E sav c'hoari gant ar c'herniel.

Quand il n'y a pas de foin dans le râtelier
Les coups de cornes pleuvent.

Il n'y a plus de copains quand on a très faim.

Mont da interamant ar relegoù.

Aller à l'enterrement des reliques

Manger les restes comme lors d'un retour de noces.

Ar fall a gar ar sall.

Le mauvais aime le salé.

Plus un mets est mauvais et plus on a tendance à y ajouter du sel. Comme dans les plats cuisinés du commerce, de nos jours.

Soubenn an tri zraig
Dour, holen ha baraig.

Soupe faite de trois petites choses :
Eau, sel et petit pain.

La soupe des pauvres autrefois.

Neb zo laouen gant bara sec'h
A gav da beuriñ e pep lec'h.

Quiconque se contente de pain sec
Trouve à brouter (manger) partout.

Qui se contente de peu ne manquera jamais de rien.

An hini a ziwall sec'hed
A ziwall yec'hed.

Celui qui maîtrise sa soif
Est maître de sa santé.

Consommez avec modération !

Bara pok-ha-pok.

Du pain baiser contre baiser.

Soit deux morceaux de pain placés l'un contre l'autre. Jolie formule qui vaut bien le sandwich anglais.

Neb zo re vignon d'ar gwin mat,
'Zo enebour da mab e dad.

Celui qui aime trop le bon vin
Est l'ennemi du fils de son père.

Consommez avec modération *(bis)* !

Anez gwin, arc'hant ha merc'hed
E vefe didrouz-kaer ar bed.

Sans vin, argent et femmes
Le monde serait en paix parfaite.

Paourkaezh martolod Konk,
Tri a c'hounid, c'hwec'h a lonk.

Pauvre marin du Conquet (Finistère),
Trois il gagne, six il boit.

Il dépense donc en boisson le double de ce qu'il gagne.
C'était avant, il y a prescription.

Restachoù mat zo mat da gaout.

Les bons restes sont bons à prendre ou à accommoder.

Traoù an aod
A c'hle bezañ war flod.

Les fruits de mer
Doivent être à flot.

Publicité pour le muscadet, sans doute.

Ul leue kozh zo diaes da zizonañ.

Il est difficile de sevrer un vieux veau.

Comme il est difficile d'arrêter la bouteille pour un habitué.

- 7 -

Travail

Reiñ bronn d'ar bal.

Donner le sein à la pelle.

Jolie manière de décrire le paresseux
la poitrine appuyée sur le manche de son outil !
C'était l'image familière du cantonnier d'autrefois.

Labourat n'eo ket an dra gwashañ
Gouzout ober netra eo an diaesañ.

Travailler (tout le temps)
n'est pas la pire des choses
Savoir ne rien faire est le plus difficile.

Ce que ne sait pas faire un Léonard.

Unan a ziv :
labourat pe pakañ riv !

De deux choses l'une :
Travailler ou prendre froid !

Proverbe typiquement léonard.

Labour Sul, labour null.

Travail du dimanche, travail sans valeur.

Proverbe bien connu,
qui n'est plus d'actualité depuis longtemps

Treiñ mein ar stêr da sec'hañ.

Retourner les pierres de la rivière pour les faire sécher (de l'autre côté).

C'est faire un travail totalement inutile,
long et fastidieux de surcroît. L'équivalent de « peigner la girafe ».

Fallañ ibil zo er c'harr eo a wigour da gentañ.

C'est la plus mauvaise cheville d'une charrette qui grince la première.

C'est aussi le plus mauvais élément d'une équipe qui se plaint le premier.

Anez ober, prezeg aner
Kentañ prezeg a zo ober.

Sans acte, parole est vaine,
La première leçon est d'agir.

Skiant prenet diwar da goust
Ar gwellañ, met keroc'h e koust.

Science acquise à tes dépens (l'expérience)
C'est la meilleure, mais elle coûte plus cher.

Forzh tud, fall sikour.

Beaucoup de monde et peu d'aide.

Les trop grandes équipes sont inefficaces.

Lagad an ozhac'h a lard ar marc'h
Hag a laka ed barr an arc'h.

L'œil du patron engraisse le cheval,
Et remplit le coffre à blé à ras bord.

Rien ne vaut l'œil du maître.
Surtout avec de si belles rimes.

Troc'her buzhug.

Coupeur de vers de terre.

Surnom du paysan.

Ar micherour diouzh an deiz,
A garfe dezhañ e vefe noz da greisteiz
An hini 'zo diouzh ar miz,
E-lec'h mont war-raok az a war e-giz
Hag evit an hini 'zo diouzh ar bloaz,
Ar pezh ne vo ket graet hiriv 'vo graet
warc'hoazh.

L'ouvrier payé à la journée (journalier),
Voudrait qu'il fasse nuit à midi.
Celui qui est payé au mois,
Au lieu d'avancer va à reculons.
Et pour celui qui est payé à l'année,
Ce qui n'est pas fait aujourd'hui le sera demain.

- 8 -

Vie en société – Qualités – Défauts

Pelloc'h ez eer gant un tog eget gant ur vazh.

On va plus loin avec un chapeau (à la main) qu'avec un bâton.

La politesse mène plus loin que l'insolence.

Etre c'hoari ha fars
E lavarer ar wirionez da galz.

En jouant et plaisantant
On dit la vérité à beaucoup.

La vérité n'est pas toujours facile à entendre ;
il convient d'user de diplomatie.

An neb zo lemm beg e deod a rank bezañ kalet e skouarn.

Celui qui a la langue acérée doit avoir une oreille solide.

Celui qui critique doit s'attendre à être critiqué.

An douar a zo re gozh evit ober goap outañ.

La terre est trop vieille pour qu'on se moque d'elle.

Ce proverbe breton, plus que jamais d'actualité, était déjà cité au XVIIIe siècle.

An hini a droc'h ur wezenn a droc'h un tamm eus ar bed.

Celui qui coupe un arbre coupe un morceau du monde.

Il ne faut pas couper d'arbres sans en replanter.

’Benn neuze hag ac’hann di
En do harzhet meur a gi
Ha kouezhet kalz a babored
E rouantelezh ar gozed.

Pour lors et d’ici là
Plusieurs chiens auront aboyé
Et bien des frimeurs seront tombés
Dans le royaume des taupes.

Et beaucoup d’eau aura passé sous les ponts.

Keuz a-raok ne vez ket
Keuz war-lerc’h ne dalv ket.

Regret avant on n’en a pas,
Regret après ne sert à rien.

Gwashoc'h eo un taol teod eget un taol kleze.

Plus de mal fait un coup de langue qu'un coup d'épée.

Kant bro, kant giz,
Kant parrez, kant iliz
Kant maouez, kant hiviz.

Cent pays, cent modes
Cent paroisses, cent églises,
Cent femmes, cent chemises.

En fait, ce dicton se résume à cette rime qui pourrait le compléter : ***Pep hini a ra e giz***, « chacun fait à sa guise. » Autrefois, les « pays » bretons se distinguaient par une grande variété de costumes ou de coiffes, signes d'identification à son terroir et surtout à sa paroisse d'origine. Les us et coutumes différaient sensiblement d'une région, voire d'une paroisse à l'autre.

Teodet-hir ha dornet-berr.

Muni d'une longue langue et d'une main courte.

Vantard peu efficace.

Pep bazh he deus daou benn.

Chaque bâton a deux bouts.

Toute chose a un bon et un mauvais côté.
Quand tout va mal, il faut essayer de retourner la situation :
Ret eo cheñch penn d'ar vase,
Litt. « Il faut changer de bout au bâton. »
« Il faut renverser la vapeur »

**E lec'h ma staot ur c'hi
E staot ivez daou pe dri.**

***Là où pisse un chien,
Deux ou trois pissent aussi.***

Se dit pour railler ceux qui ont une trop grande facilité d'imitation, les moutons de Panurge.

**Re sot evit bezañ mestr
ha re fin evit bezañ mevel.**

***Trop bête pour être patron
et trop intelligent pour être domestique.***

Bon à rien, en fait.

Evit plijout d'an holl
Eo ret bezañ fur ha foll.

Pour plaire à tous,
Il faut être (à la fois) sage et fou.

An hini zo sot hag a oar
A zisod pa gar

Qui est fou et le sait
S'assagit quand il veut.

Brizh diod hag a oar tevel
Ouzh un den fur eo heñvel.

Parfait idiot qui sait garder le silence
D'un homme sage a l'apparence.

N'ez eus droug ebet
Ne raje ur vad bennaket.

Il n'est point de mal
Qui ne fasse un bien quelconque

Brud vat a chom e toull en nor
Ha brud fall a red dreist ar mor.

Bonne réputation reste sur le pas de la porte,
Et mauvaise réputation va au-delà des mers.

Une mauvaise réputation se répand bien plus vite et va bien plus loin qu'une bonne. Nous sommes plus enclins à médire qu'à dire du bien de notre prochain.

An hini n'eo ket un aotrou en e vro
N'en deus nemet mont d'ur vro all hag e vo.

Celui qui n'est pas un monsieur dans son pays
Il lui suffit d'aller dans un autre pays
pour le devenir.

Nul n'est prophète dans son pays.

Pa vez ar c'hazh da foetañ
An abretañ eo ar gwellañ.

Quand on doit fouetter le chat,
Le plus tôt est le mieux.

Il vaut mieux régler un litige ou se débarrasser d'une tâche pénible au plus vite, avant d'en oublier la raison.

Evel-se e tro ar bed
A-dreuz hag a-hed
Darn o vont,
Darn o tont.

Ainsi va le monde
Dans tous les sens
Les uns partent
Les autres arrivent.

Uheloc'h gantañ ar bern teil
eget ar bern kolo.

Son tas de fumier est plus haut
que le tas de paille.

Il est plus fort en paroles qu'en actes.
Les fermes d'autrefois étaient jugées à la taille du tas de fumier
qui trônait à l'entrée de la cour.

Mañsonat en diabarzh.

Maçonner de l'intérieur.

C'est ce que fait un détenu…

- 9 -

Animaux

Un dra n'eo ket bet gwelet biskoazh,
Eo un neizh logod e skouarn ur c'hazh.

Une chose que l'on n'a jamais vue,
C'est un nid de souris dans l'oreille d'un chat.

Teod ar c'hi zo medisin
Teod ar c'hazh zo binim.

Langue de chien est médecin
Langue de chat est poison.

Vous savez maintenant auquel confier votre vaisselle.

Klask pemp troad d'ar maout.

Chercher cinq pattes au bélier.

Couper les cheveux en quatre.

Klask kaout ar marc'h hag an arc'hant.

Chercher à avoir le cheval (vendu) et l'argent (déjà touché).

Vouloir le beurre et l'argent du beurre.

Klask ar marc'h o vezañ war e gein !

Chercher le cheval tout en étant sur son dos !

Sur le dos duquel on est assis : chercher les lunettes que l'on a sur le nez, ne pas se rendre compte des évidences.

Gwell eo ur c'had tapet
Eget div o redek.

Mieux vaut un lièvre attrapé
Que deux qui courent.

Un tiens vaut mieux que deux tu l'auras.

N'eo ket kaer klevet kilhog e vestr o kanañ.

Ce n'est pas bon d'entendre le coq de son maître chanter.

Quand le propriétaire habite trop près,
il peut épier son fermier.

Re abred e kan ho kilhog.

Votre coq chante trop tôt.

Crier victoire trop vite.

Pajenn ar yer laeret.

La page des poules volées.

La rubrique des chiens écrasés (dans un journal)

En noz eo e paker silioù
Dale a ra vad a-wechoù.

C'est la nuit que l'on attrape les anguilles,
Il est parfois bon d'attendre.

Il faut choisir le moment favorable pour agir.

Gwellañ kan he deus ar vran
Eo he hini hec'h-unan.

Le meilleur chant qu'ait le corbeau
C'est le sien propre.

À chacun ses compétences.

Moc'h zo er wiz.

Il y a des (petits) cochons dans la truie.

Il y anguille sous roche.

N'eo ket gant martezeoù
E vager al leueoù.

Ce n'est pas avec des « peut-être »
Que l'on nourrit les veaux.

Il faut être réaliste. Mais ce proverbe est réversible.

Ober skol al louarn.

Faire l'école du renard.

L'école buissonnière…

Klañv hep glac'har
Kamm ki pa gar.
Pare ne ouie dare.

Malade sans douleur,
Boiteux le chien quand ça lui plaît
Guéri sans le savoir.

Pour qualifier un malade imaginaire ou ceux qui cherchent toujours des faux prétextes. Et plus récemment les « tamalous ».

Ar marc'h bet evit netra
Ne vez ket sellet e zent dezhañ.

À un cheval que l'on a eu pour rien
On ne regarde pas les dents.

Il n'est pas convenable d'examiner un cadeau.

N'anavezer ur c'hazh a-dost
Ken ne vez kerzhet war e lost.

On ne connaît bien un chat
Que lorsqu'on lui a marché sur la queue.

C'est dans l'adversité que l'on découvre ses vrais amis.

Tennañ ar c'hazh a-zindan ar gwele.

Tirer le chat de dessous le lit (de quelqu'un).

Tirer les vers du nez.

Lazhañ div c'had gant ar memes tenn.

Tuer deux lièvres du même coup de fusil.

Ce qui est d'autant plus difficile que le lièvre court la campagne, presque toujours, en solitaire. Faire d'une pierre deux coups.

Ne dalv ket ar boan sutal
Pa ne fell ket d'ar marc'h staotal.

Ça ne vaut pas la peine de siffler
Quand le cheval ne veut pas pisser.

On ne fera pas non plus boire un âne qui n'a pas soif.

An hini a gar ar c'hizhier
En deus ur vaouez gaer.

Celui qui aime les chats
A une belle femme.

Eh, ben, cha alors !

Kaset en deus ar c'hazh gantañ.

Il a emporté le chat.

Il a filé à l'anglaise.

Tri bloaz o tont da gi,
tri bloaz ki,
tri bloaz o vont er-maez a gi.

Trois ans à devenir chien,
trois ans chien,
trois ans à sortir (de sa peau) de chien
(avant de mourir).

Neuf ans est l'espérance de vie maximum des chiens.
En principe, car le mien en a 15.

Pa roer un troatad d'ar c'hi
E kemer buan daou pe dri.

Quand on donne du mou au chien (en laisse)
Il prend rapidement deux ou trois longueurs
(supplémentaires).

Plus on te donne, plus tu en veux.

- 10 -

Religion et conseils divers

Lestr na sent ket ouzh ar stur
Ouzh ar garreg a raio sur.

Navire qui n'obéit pas au gouvernail
Le fera sûrement au récif.

Ar wirionez ne dalv netra
Pa ra gaou ouzh an nesañ.

La vérité ne vaut rien
Quand elle cause du tort au prochain.

Toute vérité n'est pas bonne à dire.

Pa vez ar merc'hed o c'hwitellat
Ar Werc'hez a bleg he fenn dalc'hmat.

Quand les femmes sifflent
La Vierge baisse toujours la tête (de honte).

Superstition.

Da betra 'servij nac'h ouzh Doue
Ar pezh a oar ar sent ivez ?

À quoi sert de cacher à Dieu
Ce que savent les saints aussi ?
Inutile de nier ce que tout le monde sait.

Merc'hed, sellit ouzh ur penn ed,
Plegañ a ra e benn pa vez bouedet.

Filles, regardez l'épi de blé,
Quand il est bien formé il baisse la tête.
Le clergé, omniprésent et omnipotent,
jusqu'à la fin des années 60 en Bretagne, régentait aussi la vie
privée et en particulier celle des jeunes filles, le diable en jupons.

E-lec'h ma kar Doue e ra glav,
E-lec'h ma vez disto e ra atav.

Il pleut là où Dieu le veut,
Il pleut toujours là où il n'y a pas de toit.

Il y a des impondérables
mais aussi des conséquences prévisibles.

Ur wech evit gwelet
N'eo ket pec'hed.

Une fois pour voir
N'est pas péché.

A-rok kanañ ar gousperoù,
e ranker anaout an oferenn-bred.

Avant de chanter les vêpres, il faut
connaître la grand-messe.

Avant d'accuser ou de juger, il faut bien connaître l'affaire.

Ret eo terriñ ar graoñenn
Evit kaout ar vouedenn.

Il faut casser la noix
Pour en retirer la substance (l'amande).

On ne fait pas d'omelette sans casser d'œufs.

An hini ne oar ket sentiñ
Ne oar ket komandiñ.

Qui ne sait obéir
Ne sait commander.

Un neudenn a dorr krenn,
Kant ha mil a ra kordenn.

Un fil casse rapidement,
Cent et mille (fils) font corde.

L'union fait la force et les petits ruisseaux
font les grandes rivières.

Lavaromp ur bedenn devot
Evit ma teufe peñse en aod
Ha ma vezomp er penn kentañ
Ni hor bo al lodenn wellañ.

Disons une prière fervente
Pour que viennent les épaves à la côte
Et si nous sommes les premiers
Nous aurons la meilleure part.

Prière du naufrageur breton

Na skuilhit ket ho karg teil 'barzh an toull-karr
Met don betek penn ar park !

Ne déchargez pas votre chargement de fumier
à l'entrée (du champ)
Mais profondément jusqu'au bout du champ.

Sentence imagée, prononcée en chaire par un curé au début du XXe siècle, incitant ses fidèles à ne pas pratiquer le *coitus interruptus* : pas question de faire l'amour sans désir de procréation.

- 11 -

Couleurs du temps

E miz Mezheven, eus daoulagad
ar merc'hed yaouank,
E strink stivelloù arc'hant !

Au mois de juin, des yeux des jeunes filles,
Jaillissent des fontaines d'argent !

Pa 'z a an deñved da saout,
E vez glav da gaout.

Quand les moutons deviennent des vaches,
Il y aura de la pluie (sans tarder).

Le passage d'un ciel moutonneux (cumulus blancs) à de gros nuages, annonce la pluie toute proche.

Pa vez delioù a-raok ar bleunioù,
An ever chistr a zo trist.

Quand les feuilles viennent avant les fleurs,
Le buveur de cidre est triste.

Parce qu'il n'y aura pas de pommes.

Ruz pa guzh,
Gwenn pa sav,
Sur vo amzer vrav.

Rouge quand il (le soleil) se cache (se couche),
Blanc quand il se lève,
Beau temps assuré.

Bloavezh an erc'h du.

L'année de la neige noire.

Donc à la « Saint-Glingin » ou
« quand les poules auront des dents ».
Autre version : « ***Pa nijo ar moc'h*** » :
quand les cochons se mettront à voler.

Arabat klask vioù fresk
e neizhioù warlene.

Il ne faut pas chercher d'œufs frais
dans les nids de l'année dernière.

Il ne faut pas être en retard d'une guerre.

Seul greñvoc'h e vez ar glav
Seul gentoc'h a se e tav.

Plus forte est la pluie,
Plus tôt elle se tait (cesse).

Pask glavek, Eost baleek.

Pâques pluvieux, mois d'août qui fait se promener.

Attention, c'est quand il pleuvait
que le paysan se promenait autrefois,
puisqu'il ne pouvait travailler la terre.
Pâques sous la pluie présage d'un mois d'août humide.

Pa deu fin a viz Here,
Re nebeut daou droad en ur gwele

Quand vient la fin du mois d'octobre,
Deux pieds dans un lit sont insuffisants.

Les nuits deviennent froides…

Kelc'h a-bell, Glav a-dost
Kelc'h a-dost, Glav a-bell.

Halo (de la lune) éloigné, pluie proche
Halo proche, pluie éloignée.

Ebrel ar bleuñv a zigor,
Ha da miz Mae an enor.

Avril ouvre les fleurs
Et mai en a l'honneur.

Gouel-Mikael hag an Ankoù
A zegas kalz a cheñchamañtoù.

La Saint-Michel et la Mort,
Apportent beaucoup de changements.

La Saint-Michel (29 septembre) était l'échéance annuelle du loyer (fermage). Bien des locataires étaient, alors, contraints de déménager.

E miz Mae, glav bemdez ' zo re,
Ha re nebeut bep eil devezh,
Nemet en noz e rafe.

Au mois de mai, pluie tous les jours c'est trop,
Et trop peu tous les seconds jours,
À moins qu'il ne pleuve la nuit.

Ar ran a gan a-raok miz Ebrel,
A vefe gwelloc'h dezhi tevel !

Grenouille qui chante avant avril
(au premier soleil),
Ferait mieux de se taire (il peut encore geler).

Da santez Katell (25 novembre)
E ya ar mestr da vevel.

À la Sainte-Catherine,
Le patron devient domestique.

Autrefois les travaux des champs étaient si pressants à cette période que **même** le maître devait travailler, sous peine de compromettre sérieusement ses intérêts.

Miz Meurzh gant e vorzholioù
A sko ken gwazh hag an Ankoù

Mars avec ses marteaux (la grêle)
Frappe aussi fort que l'Ankou.

L'Ankou est la personnification de la mort en Bretagne.

Pa vez ar fallañ an amzer
E vezer an tostañ d'an amzer gaer.

Quand le temps est le plus mauvais
On est le plus près du beau temps.

Gardons le moral en toutes circonstances.

An almanak ne lavar biskoazh gaoù
Pa vez erc'h e vez gwenn an traoù
Pa vez avel e fich ar bodoù
Pa vez glav e vez leun a boulloù.

L'almanach ne ment jamais
S'il neige tout est blanc
S'il vente les buissons s'agitent
S'il pleut il y a plein des mares.

Certains dictons ne sont que des lapalissades.

Pa nij an alc'hweder d'an nec'h,
Ma ne vez ket glav e chomo sec'h !

Quand l'alouette vole vers le haut (ciel),
S'il ne pleut pas, il (le temps) restera sec !

Dit pour se moquer des prétendus prévisionnistes.

Pa vez erc'h war an douar
Na vez na tomm na klouar.

Quand il y a de la neige sur la terre,
Il fait ni chaud ni tiède.

Encore un dicton en forme de vérité de la Palice, qu'un bretonnant, grand amateur de rimes, emploie pour dire : Certaines évidences ne se discutent pas.

Erc'h e miz Genver
A dalv teil evit ar parkeier.

Neige au mois de janvier
Vaut fumier pour les champs.

Elle tue les parasites.

N'eo ket ganet c'hoazh
Ha marvet e vamm siwazh,
An hini a glevo ar goukoug o kanañ
Nav devezh goude Gouel Yann.

Il n'est pas né
Et morte sa mère, hélas,
Celui qui entendra le coucou chanter
Neuf jours après la Saint-Jean.

Tous les ans, le coucou nous quitte toujours à la même période (fin juin).

La bibliographie d'Hervé Lossec est à retrouver sur :
lesbretonnismes.canalblog.com

Conception graphique
Bruno Pia

Éditions Géorama
13, rue du Port – Melon
29840 PORSPODER
02 98 33 61 72
www.georama.fr

ISBN 978-2-915002-72-0
Dépôt légal : 2e trimestre 2015

Achevé d'imprimer en octobre 2016
sur les presses de l'imprimerie Cloître
29800 SAINT-THONAN

IMPRIMÉ EN BRETAGNE

PEFC 10-31-1238